AF338772

SOUSCRIPTION

POUR

L'ÉRECTION D'UN MONUMENT FUNÉRAIRE

A la mémoire de

FÉLIX BOURQUELOT.

Le monument élevé dans le cimetière de la Ville-Haute, à la mémoire de M. Félix Bourquelot, par ses concitoyens et ses amis, est maintenant terminé. Celui qui consacra à l'illustration de son pays natal tant de veilles laborieuses et le trésor longuement amassé d'une vaste érudition, enlevé à notre estime et à notre affection, repose aujourd'hui dans le tombeau que lui ont érigé nos sympathies et notre reconnaissance.

A l'appel publié dans l'*Éclaireur de Coulommiers*, par M. Anatole Dauvergne, à ce vœu touchant exprimé par l'un des plus anciens et des plus fidèles amis du savant, de voir planter sur cette tombe, si prématurément ouverte, « le saule du souvenir, » les compatriotes, les nombreux lecteurs, tous les amis de M. Félix Bourquelot répondirent avec un unanime empressement. On eût dit que chacun voulait apporter sa pierre au monument qu'on se proposait d'élever et témoigner ainsi de ses regrets et de son respect pour la mémoire de notre compatriote.

Interprète des sentiments de la population provinoise, le Conseil municipal, dans sa délibération du 9 janvier 1869, concéda gratuitement le terrain nécessaire à l'édification du tombeau projeté.

Les adhésions se multiplièrent rapidement. Non contents d'apporter leur souscription personnelle, plusieurs artistes distingués de Paris, architectes et sculpteurs, offrirent le concours de leur talent pour donner à ce monument un caractère qui fût digne du souvenir laissé par M. Félix Bourquelot.

Le tombeau de l'historien provinois s'élève à quelques pas à gauche de la porte d'entrée du cimetière, et occupe à peu près la place qu'il avait désignée lui-même, non loin des amis qui l'ont devancé dans la mort, et « près de celui qui l'aimait comme un autre fils. » Cette dernière volonté, bien des fois exprimée, ses amis l'ont réalisée autant qu'il a été possible. M. Bourquelot repose près du docteur Michelin et de l'aimable et excellent M. de Bournet.

Le monument, dont le plan et la disposition ont été conçus par M. Adolphe Lance, architecte des Monuments historiques, se compose d'une pierre de liais supportée par un soc également en liais et fermant le caveau funèbre. A cette pierre, légèrement inclinée de la tête au pied, et sur laquelle se détache une croix en relief, est adossée une autre pierre debout, magnifique monolithe ne mesurant pas moins de trois mètres d'élévation.

La partie supérieure, taillée en *arc en mitre,* se termine par un trèfle contenant une croix délicate-

ment sculptée. Au-dessous, un cadre de perles également sculptées dans la pierre, renferme un médaillon
en bronze sur lequel M. Adam Salomon a reproduit
de souvenir, avec une vérité frappante, le profil de
notre compatriote. C'est bien là, en effet, la douce
figure, ce sont les traits affables, le front élevé, les
longs cheveux rejetés en arrière, que notre mémoire
nous rappelle, quand nous pensons à M. Félix Bourquelot. L'amitié seule a pu permettre à la **main**
exercée de l'artiste d'atteindre à une si touchante
ressemblance.

Les sculptures qui décorent le monument sont
l'œuvre de M. Villeminot, l'habile restaurateur des
tombeaux de Saint-Denis. Les deux branches de lau-
riers qui entourent la partie inférieure du cadre, le
sceau et la charte déroulée, emblêmes de la science
à laquelle M. Bourquelot avait voué sa vie, la croix
d'honneur, glorieuse récompense de ses travaux, se
font remarquer, ainsi que les deux couronnes d'im-
mortelles qui ornent les faces latérales, par une ex-
trême délicatesse d'exécution et un fini admirable.

Dans la partie inférieure du monument, on lit en
caractères gothiques cette simple inscription :

A

FÉLIX BOURQUELOT

SA VILLE NATALE

ET

SES AMIS.

MDCCCXV. — MDCCCLXVIII.

La pierre provient des carrières de Tercé. C'est un liais dur, d'un blanc mat, au grain très-fin et propre à la sculpture. Il a été choisi et taillé par M. Clément, marbrier à Provins, dont nous ne saurions trop louer le goût et l'intelligence.

Le caveau a été exécuté par M. Caquet-Brébant, entrepreneur de maçonnerie.

Tel est ce monument qui, en rappelant dignement la mémoire de l'homme remarquable dont il recouvre les cendres, témoigne de la part de tous ceux qui l'ont élevé du sentiment le plus respectable. Un pays s'honore en honorant ses morts, surtout quand ils appartiennent à l'élite de ses enfants, au groupe restreint de ceux qui, fidèles jusqu'au dernier jour au sol qui les a vus naître, ont pris pour but de leurs travaux son illustration, sa grandeur. Quel enfant de Provins mérita mieux que M. Félix Bourquelot ce solennel hommage? Quelle vie fut mieux remplie que la sienne? Entre ces deux dates, 1815 et 1868, qui la résument tout entière, que de travaux, que de recherches arides, que d'efforts laborieux, que de fatigues, qui n'ont eu d'autre mobile que l'amour du pays, le désir de rappeler à tous son ancienne splendeur, de le faire respecter et chérir!

Aux éminentes qualités de son esprit, quel homme joignit à un plus haut degré celles qui commandent le respect et l'affection? La modestie de M. Bourquelot égalait son savoir et sa bonté. Tous ceux d'entre nous qui l'ont connu rendent témoignage à son carac-

tère ferme et droit. Ses livres ne sont pas seulement
d'un savant, d'un érudit consommé, ils sont surtout
d'un honnête homme, sincère et convaincu.

Qu'il dorme donc maintenant dans ce champ du
repos où nos regrets l'ont suivi, l'infatigable tra-
vailleur que la science a perdu! Qu'il dorme dans ce
monument de nos souvenirs, moins durable que sa
mémoire, au milieu de cette famille d'amis que la
mort a couchés dans la tombe, à l'ombre de ces an-
tiques murailles que le temps pourra détruire, mais
qui revivront dans ses œuvres! Ceux qui viendront
après nous, passant dans ces lieux déserts, s'y arrête-
ront pour contempler cette calme et pensive figure,
et en lisant ce nom désormais inséparable de celui de
notre vieille cité, ils le salueront comme celui d'un
savant véritable, d'un homme de bien et d'un bon
citoyen.

Auguste LENOIR.

COMPTE

*Des Recettes et des Dépenses rendu aux Souscripteurs
par le Trésorier soussigné.*

Le nombre des souscripteurs a été de.   220
Le chiffre des sommes versées s'est
élevé à 2,636 50

DÉPENSES.

Achat, taille et pose de la pierre du monument, sui-
vant règlement de l'architecte. . .   1,204 25
Modèle en plâtre des deux palmes avec
attributs et perles . . . . . .   150 »
Modèle en plâtre des couronnes. . .   100 »
Exécution en pierre desdits modèles .   610 »
Gravure de l'inscription . . . . .   40 »
Moulage et fonte du médaillon . . .   200 »
Pose du médaillon. . . . . . .   6 »
Maçonnerie du caveau . . . . .   320 »
Frais divers, port du médaillon et devis.   5 50
                                        ―――――――
                                        2,635 75

Recettes. . .   2,636 50
Dépenses . .   2,635 75
                  ―――――――
Reste. . .   0 75

Provins, le 15 Février 1870.

Le Trésorier,

JULES MICHELIN.

LISTE DES SOUSCRIPTEURS.

A.

MM.

Adam. Salomon, sculpteur à Paris.

Amy, président du tribunal civil de Provins.

Angebert (madame), propriétaire à Provins.

Anonyme, de Paris

Anonyme, de Provins.

Anonyme, de Provins.

Anonyme, de Provins.

Antheaume, pharmacien à Provins.

Argant, économe des hospices, à Provins.

Arnoul (Auguste), membre de la Société d'archéologie, à Maison-Rouge.

Arnoul (Victor), membre de la Société d'archéologie, à Provins.

Arnoul (Charles), capitaine de la garde mobile, à Provins.

Augé, coiffeur, à Provins.

Aymard, archiviste de la Haute-Loire, au Puy.

B.

Bailly, architecte, à Paris.

Bardel (mademoiselle), à Paris.

Barthélemy (Anatole de), membre du comité des travaux historiques, à Paris.

Bayard (Adolphe), maire de Maisoncelles.

Bellanger père, propriétaire à Provins.

Bellanger (Hippolyte), propriétaire à Provins.

Bellanger (Adolphe), président du tribunal de commerce, à Provins.

Bellanger (Jules), propriétaire à Provins.

Berchut, juge-suppléant au tribunal civil, à Provins.

Bernard, receveur des contributions indirectes, à Provins.

Boizard, conducteur des ponts-et-chaussées, à Provins.

Bolhy, maître-bottier au 4ᵉ hussards, à Avignon.

Bonie (madame), propriétaire à Paris.

Bonnet, avocat à Paris.

Bony, ancien notaire à Nangis.

Bordier (Henri), ancien élève de l'Ecole des chartres, à Paris.

Bourgeat, juge au tribunal civil, à Provins.

Bourgeois, percepteur à Provins.

Bourges, imprimeur à Fontainebleau.

Bourquelot (Léon), architecte à Paris.

Boutaric, professeur à l'Ecole des chartres, à Paris.

Bouvrain, maire de Chenoise.

Brosselard (Charles), préfet à Oran.

Brunet de Presle, membre de l'Institut, à Paris.

C.

Camuset (Emile), propriétaire aux Chaises de Vulaines.

Caquet (Jules), entrepreneur de maçonnerie à Provins.

Carro, bibliothécaire de la ville de Meaux.

Cattet, propriétaire à Provins.

Cauthion, avoué à Fontainebleau.

Cave, fondé de pouvoir du receveur des finances, à Provins.

Chardon, négociant à Soissons.

Charlot, propriétaire à Provins.

Chassaing, juge au tribunal civil du Puy.

Chauvin, notaire à Provins.

Chemin, maire à Saints.

Chevalier (madame), propriétaire à Dontilly.

Circourt (Arthur de), propriétaire à Fontainebleau.

Claude, bibliothécaire à la Bibliothèque impériale, à Paris.

Clément, marbrier à Provins.

Cochet (l'abbé), inspecteur des monuments historiques, à
  Rouen.

Colin, négociant à Paris.
Crosnier (madame), propriétaire à Bray-sur-Seine.
Courtois, membre de la Société d'archéologie, à Melun.
Coutouly (de), élève de l'Ecole des chartes, à Paris.
Coutrot aîné, propriétaire à Provins.
Corlieu (madame de), propriétaire à Provins.
Corroyer, architecte à Paris.
Curé, président honoraire à Provins.
Curé (Frédéric), receveur de l'enregistrement à Donnemarie.

D.

Dagneau, conseiller d'arrondissement, à Villiers-S.-Georges.
Danès, capitaine d'état-major, à Oran.
Dantigny, percepteur à Chailly.
Dauvergne (Anatole), président de la Société d'archéologie, à
    Coulommiers.
Deforges, directeur d'assurances, à Provins.
Delatasse, élève de l'Ecole des chartes, à Paris.
Delettre, membre de la Société d'archéologie, à Donnemarie.
Delisle, membre de l'Institut, à Paris.
Delondre, maire de la Chapelle-Saint-Sulpice.
Denormandie (madame), propriétaire à Paris.
Denormandie (Paul), avocat à Paris.
Denormandie (Ernest), avoué à Paris.
Desmidt, propriétaire à Provins.
Despommiers, membre du conseil général, à Coulommiers.
Dupré père, propriétaire à Paris.
Dupré fils, propriétaire à Paris.
Durand, architecte diocésain à Tarbes.
Dusautoy, chef de bataillon en retraite, à Annonay.
Duvoy (Désiré), entrepreneur de travaux, à Madrid.

E.

Eymard, membre de la Société d'archéologie, à Melun.

F.

Feugé (Amédée), bibliothécaire-adjoint, à Provins.

Foureau (Henri), élève du lycée impérial, à Troyes.

Fourneret, docteur en médecine, à Fontainebleau.

Fourtier, chef de bureau au ministère des finances, à Paris.

Fromanger, statuaire à Paris.

Fromant, ancien notaire à Provins.

G.

Gallot (Amédée), propriétaire à Provins.

Gallot (Lucien), propriétaire à Provins.

Garnot, propriétaire à Provins.

Garnier (Victor), propriétaire à Provins.

Garnier (Charles), propriétaire à Paris.

Genneau, colonel du 82ᵉ d'infanterie, à Perpignan.

Germain, négociant à Provins.

Girardin, notaire à Versailles.

Girardot (de), conseiller de préfecture, à Bourges.

Goblet, négociant à Paris.

Greffulhe (comte Henri de), conseiller général, à Bois-Boudran.

Guérard, greffier du tribunal civil, à Provins.

Guerreau, négociant à Provins.

Guessard, professeur à l'Ecole des chartes, à Paris.

Guilleminot, principal du collége de Provins.

Guinet, propriétaire à Provins.

Guinet, avocat à Paris.

H.

Hagen, commissaire de surveillance de la Compagnie de l'Est,
à Provins.

Harcourt (comte Bernard d'), président de la Société d'archéologie, à Metz.

Harmand, propriétaire à Provins.

Haut (Marc de), président du Comice agricole, à Sigy.

Hugo (Jules), négociant à Provins.

Hublier (Léon), chef de bureau à l'Imprimerie impériale, à Paris.

Hublier (Charles), inspecteur d'assurances à Paris.

Husson (Georges), membre de la Société d'archéologie, à Preuilly.

J.

Jomier, notaire à Provins.

Josseau, député au Corps législatif, à Paris,

Jourdain, membre de l'Institut, à Paris.

K.

Kirchoffs, professeur à Melun.

L.

Lacabanne, directeur de l'Ecole des chartes, à Paris.

Lacour, agent-voyer à Provins.

Lacour, instituteur communal à Provins.

Lajoye, président de la Société d'archéologie, à Melun.

Lamothe-Langon (de), sous-préfet à Guelma.

Lance (Adolphe), architecte à Paris.

Languin, secrétaire de la mairie, à Provins.

Laperche (Alexis), négociant à Provins.

Lasteyrie (Jules de), membre de la Société d'archéologie, à La Grange-Lafayette.

Lasteyrie (de), élève de l'Ecole des chartes, à Paris.

Launay, percepteur à Villiers-Saint-Georges.

Le Bailly, maire de Provins.

Lobeau, adjoint au maire de Provins.

Leblanc, clerc de notaire à Provins.

Lebœuf, négociant à Provins.

Lebœuf fils, négociant à Provins.

Lebrun, sénateur, membre de l'Académie française, à Paris.

Lecomte, notaire à Donnemarie.

Lefèvre-Niedermayer, directeur de l'Ecole de chant religieux, à Paris.

Lefèvre (Emile), propriétaire à Provins.

Lefèvre (André), ancien élève de l'Ecole des chartes, à Paris.

Le Hériché, imprimeur à Provins.

Lenient, professeur à la Faculté des lettres, à Paris.

Lenient (Anthelme), inspecteur des écoles, à Paris.

Lenient (Jules), pharmacien à Paris.

Lenoir (Auguste), secrétaire de la Société d'archéologie, à Provins.

Lépinois (madame de), propriétaire à Provins.

Lépinois (de), conservateur des hypothèques, à Rouen.

Leroy (Gabriel), secrétaire de la Société d'archéologie, à Melun.

Lombard, tuilier à Septveilles.

Lottin de Laval, homme de lettres, à Paris.

M.

Marcilly (Hector), propriétaire à Provins.

Marion, membre de la Société des Antiquaires de France, à Paris.

Marty-Laveaux, secrétaire de l'Ecole des chartes, à Paris.

Maslatrie (de), professeur à l'Ecole des chartes, à Paris.

Masure, commissaire-priseur à Provins.

Maurice, propriétaire à Paris.

Maury, directeur des Archives de l'Empire, à Paris.

Maussion (Ludovic de), maire de Coulommiers.

Mercier, docteur en médecine à Paris.

Meunier (madame), propriétaire à Provins.

Mézières, avoué à Provins.

Michaud (madame), propriétaire à Provins.

Michaud (Louis), conseiller général, à Provins.
Michelant, bibliothécaire à la Bibliothèque impériale, à Paris.
Michelin (Jules), vice-président de la Société d'archéologie,
à Provins.
Millet, juge au tribunal de la Seine, à Paris.
Millot (Eugène), architecte du château de Saint-Germain, à
Paris.
Moineau, ancien notaire, à Paris.
Montaiglon (de), professeur à l'École des chartes, à Paris.
Moricet, propriétaire à Provins.
Moussin, imprimeur à Coulommiers.

N.

Nanteuil, propriétaire à Lieusaint.
Naudot (Armand), ancien avoué à Paris.
Néel, juge d'instruction à Provins.
Nocard père, marchand de bois à Provins.

O.

Ouradou (Maurice), architecte à Paris.
Ozeré, géomètre à Provins.

P.

Paillard, préfet du Pas-de-Calais, à Arras.
Papp père, tapissier à Provins.
Pelletan (Camille), archiviste paléographe, à Paris.
Perrot (Joachim), propriétaire à Provins.
Perrot (Jacques), marchand de vin à Provins.
Persin, professeur au collège d'Etampes.
Pichard (madame), propriétaire à Bray-sur-Seine.
Piètrement, vétérinaire aux lanciers de la garde, à Melun.
Plessier (Louis), avoué à Provins.
Pontmartin, élève de l'Ecole des chartes, à Paris.

Prévost (Henri), hussard au 4° régiment, à Avignon.
Prin, négociant à Paris.

Q.

Quicherat, professeur à l'Ecole des chartes, à Paris.

R.

Raige aîné, propriétaire à Provins.
Raige (Eugène), employé à la mairie de Provins.
Ray (Eugène), propriétaire à Provins.
Ray (Adolphe), propriétaire à Provins.
Regnier, propriétaire à Provins.
Renier (Léon), membre de l'Institut, à Paris.
Renon, percepteur à Provins.
Rondeau, docteur en médecine à Provins.

S.

Salvert (du Mas de), colonel en retraite, à Provins.
Schindler, chef de section à la Compagnie de l'Est, à Provins.
Signoret, propriétaire à Provins.
Simon (madame), propriétaire à Provins.
Simon (Edmond), capitaine au 8° chasseurs, à Paris.
Société d'archéologie (section de Fontainebleau).
Société d'archéologie (section de Provins).
Sollier (Emile), inspecteur de l'enregistrement, à Troyes.

T.

Tardif, professeur à l'Ecole des chartes, à Paris.
Tarret, à Paris.
Thévenez, receveur des hospices, à Provins.
Thibault-Fliniaux, propriétaire à Fontainebleau.
Thomassin (Victor), propriétaire à Provins.
Thomassin aîné, tanneur à Provins.
Tissier, capitaine d'artillerie, à Rennes.

V.

Vallet (Edouard), banquier à Paris.

Vaudoir, élève de l'Ecole des chartes, à Paris.

Verrier, vétérinaire à Provins.

Vignals, commissaire-priseur à Paris.

Villain, serrurier à Provins.

Voix, notaire à Troyes.

Vuaroqueau, banquier à Provins.

Wailly (de), président du conseil de perfectionnement de l'Ecole des chartes, à Paris.

Provins. — Imp. de Lebeau.